¡Chicas con agallas!

El camino a romper barreras y quebrar récords

Debbie Gonzales ☺ *Ilustrado por* Rebecca Gibbon ☺ *Traducido por* Aurora Humarán

ini **Charlesbridge**

Para John, agradecida de poder tenerte en mi vida.
Con todo mi amor.—D. G.

Para todas las chicas a las que les dijeron que
no podían.—R. G.

Charlesbridge • 9 Galen Street, Watertown, MA 02472 • www.charlesbridge.com

Library of Congress Cataloging-in-Publication Data
Names: Gonzales, Debbie, author. | Gibbon, Rebecca, illustrator. | Humarán, Aurora, translator.
Title: ¡Chicas con agallas!: El camino recorrido a romper barreras y quebrar récords / Debbie
    Gonzales; ilustrado por Rebecca Gibbon; traducido por Aurora Humarán.
Other titles: Girls with guts! Spanish | Camino recorrido a romper barreras y quebrar récords
Description: Watertown, MA: Charlesbridge, [2026] | Includes bibliographical references. |
    Audience: Ages 6–9 years | Audience: Grades 2–3 | Text in Spanish. | Summary: "Eleven brave
    female athletes and activists of the past push boundaries and demand equal rights for boys and
    girls, leading to the passing of Title IX in the U.S. and changing the way women sports function
    today."—Provided by publisher.
Identifiers: LCCN 2024058927 (print) | LCCN 2024058928 (ebook) | ISBN 9781623547028 (trade
    paperback) | ISBN 9781632894908 (ebook)
Subjects: LCSH: Sports for women—United States—History—Juvenile literature. | Sex
    discrimination in sports—United States—History—Juvenile literature. | United States. Education
    Amendments of 1972. Title IX—Juvenile literature.
Classification: LCC GV709.18.U6 G6618 2026 (print) | LCC GV709.18.U6 (ebook) | DDC
    796.092/520973—dc23/eng/20250203

Printed in China • OPIC
The authorized representative in the EU for product safety and compliance is eucomply OÜPärnu
    mnt 139b-14, 11317 Tallinn, Estonia, hello@eucompliancepartner.com, +33757690241
(pb) 10 9 8 7 6 5 4 3 2 1

Illustrations are painted in acrylic ink & colored pencil on acid-free cartridge paper
Text type set in Dante by The Monotype Corporation
Color separations by Colourscan Print Co Pte Ltd, Singapore
Edited by Natalia Vázquez Torres
Designed by Martha MacLeod Sikkema and Ellie Erhart
Production supervised by Nicole Turner

Y aquí estás...

saltando,

pateando,

driblando

y bajando por la pendiente.

Niña... ¡Tú eres increíble!

Es difícil creer que antes no se alentaba a las niñas para que practicaran deportes. Sin embargo, así era. Los programas deportivos financiados por el gobierno de EE. UU. eran únicamente para varones. Esa era la regla.

A las niñas les decían:

¡NO CORRAS!
¡NO TE ESTIRES!
¡NO PATEES!
¡NO EMPUJES!
¡NO SALPIQUES!

Y nunca, pero nunca… sudes.

Históricamente, la regla de "solo para varones" se remonta a los inicios de la civilización. Así es. En la antigua Grecia, las mujeres eran *ejecutadas* tan solo por mirar los Juegos Olímpicos. *No se permiten chicas en la competencia. Solo hombres.* A pesar de eso, las chicas decían: "Intenten detenernos" y, entonces, participaban en las carreras pedestres de festivales privados en honor a Hera, reina de los dioses.

Más adelante, en 1896, durante los primeros Juegos Olímpicos modernos, la maratonista Melpómene logró que los organizadores mordieran el polvo. Dado que no se le permitía competir, decidió desafiar las reglas y completó toda la carrera junto a los hombres. Como le impidieron entrar a la pista para completar la carrera, Melpómene dio su última vuelta alrededor del estadio. La carrera contra las barreras había comenzado.

La gente temía que las mujeres activas pudieran desarrollar ojos saltones y mandíbulas rígidas. La llamada "cara de bicicleta" destruiría el atractivo femenino. A finales del siglo XIX, Frances Willard cuestionó estas y otras creencias victorianas aprendiendo a montar en una bicicleta a la que llamó Gladys. ¡Un verdadero escándalo!

En 1892, el baloncesto era un juego de varones al que se consideraba demasiado exigente para las tiernas niñas.

Sin embargo, nada le impidió a Senda Berenson Abbot adueñarse de la cancha. Senda, profesora de Smith College, adaptó las reglas masculinas para que las chicas más intrépidas pudieran jugar. La cancha sería más corta; las reglas más estrictas. *¡No se puede contraatacar! ¡No se puede chocar! ¡No se puede botar más de tres veces!* Además, era obligatorio usar bombachos largos.

Estas pioneras competían a pesar de que, según la gente, no debían o no podían hacerlo.

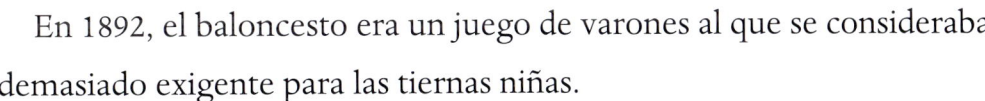

En 1909, la jugadora de polo Eleonora Sears conmocionó a la sociedad cuando tuvo la audacia de montar a horcajadas vestida con pantalones en lugar de falda, ¡para competir en público!

En 1926, Gertrude Ederle se convirtió en la primera mujer en cruzar a nado el Canal de la Mancha, echando por la borda la idea de que las mujeres son atléticamente inferiores a los hombres.

Sin sentir ninguna vergüenza y muy seguras de sí mismas, las valientes atletas presionaban, a pesar de que los hombres trataban de aplastar su espíritu competitivo.

En 1928, Margaret Gisolo compitió en el equipo de beisbol juvenil de la Legión Americana. Era la única mujer. Las agallas de esta chica de catorce años llegaron a los periódicos. *Margaret tocó, se deslizó, robó y ¡superó a los varones!*

Su equipo la adoraba. Sus oponentes la odiaban.

—¡Este no es tu lugar! —le gritaban—. *¡Las chicas no pueden jugar!*

Al final, los directores de la liga le prohibieron a Margaret—a todas las chicas, en realidad—jugar en la Legión Americana Juvenil. A pesar de todo, las atletas venían pisando fuerte.

A los doce años, Althea Gibson fue campeona de tenis de mesa, ¡la mejor de toda Nueva York! Luego cambió su raqueta de tenis de mesa por una de tenis.

Althea brilló en las canchas durante el Movimiento por los derechos civiles. En el momento en que las personas de color estaban luchando para obtener la igualdad de derechos en EE. UU., Althea se convirtió en la primera persona de color en obtener un título de *Grand Slam*. Al ganar el Abierto de Francia en 1956, derribó las barreras de la discriminación racial y de género. ¡Qué agallas!

A los trece años, Donna de Varona se unió al equipo olímpico de 1960 como la nadadora más joven. Competitiva, disciplinada y constante, batió récords históricos y fue conocida como la atleta femenina más destacada del mundo. ¡El futuro de Donna brillaba más que sus medallas de oro!

Lamentablemente, luego de cuatro años en el equipo olímpico, la meritoria atleta debió abandonar la natación competitiva. Donna nunca fue incluida en los listados de competidores universitarios. Si quería nadar en la universidad, y además estudiar, tendría que hacerse cargo de los gastos. Por aquel entonces, las becas deportivas eran solo para varones. Así lo dictaba la regla, una barrera a punto de ser derribada.

A comienzos de la década de 1970, un grupo de valientes guerreras se unieron para luchar contra la injusticia.

Como cualquier atleta que se valora, la congresista Edith Green tomó la iniciativa de cuestionar las injusticias en el atletismo. Junto a Shirley Chisholm, Patsy Mink y muchas otras, se mantuvo firme contra la discriminación en atletismo, educación y acceso a los fondos federales.

—¡Ya basta! —decían—. ¡Igualdad de derechos para las chicas y los chicos!

¡Empieza el partido!

Los legisladores debatieron.

Se organizaron marchas.

Las valientes guerreras no pensaban rendirse. Insistían en que las chicas no debían (ni podían) ser excluidas del acceso a la igualdad de oportunidades académicas y atléticas, que solo existían para los varones.

—En esta nación no deberían limitarse las aspiraciones intelectuales de las mujeres —decía Edith. Y realmente lo creía. La discriminación tenía los días contados.

Sin embargo, los debates continuaron.

Crecieron las hostilidades.

ES HORA DE CAMBIAR

IGUALDAD
DE
DERECHOS

IGUALDAD
PARA
TODOS

DEPORTES
PARA
TODOS

Después de una batalla larga y extenuante, en 1972 se aprobó una nueva ley. El Título IX exigía un tratamiento igualitario para las competidoras. La ley establece:

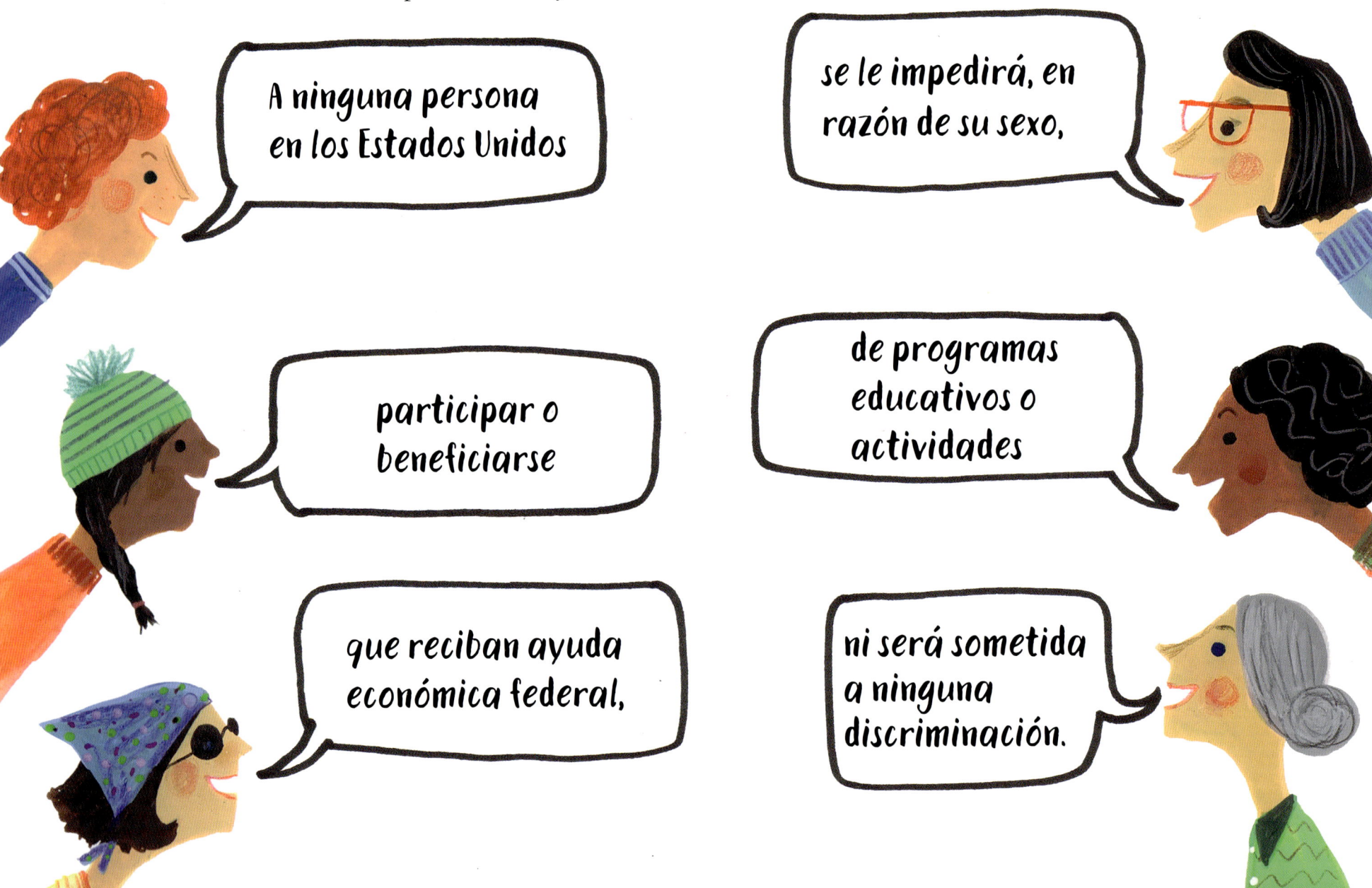

A ninguna persona en los Estados Unidos

se le impedirá, en razón de su sexo,

participar o beneficiarse

de programas educativos o actividades

que reciban ayuda económica federal,

ni será sometida a ninguna discriminación.

Por fin las chicas tenían equipos adecuados, vestidores, canchas para las prácticas y buenos entrenadores para todas. En el marco de la ley federal, ya no habría favoritismos hacia los varones.

Pero la batalla por la igualdad no había terminado.

El mismo año en que se aprobó la ley, Maria Pepe, de once años, había lanzado en tres partidos antes de que los funcionarios de la Liga Juvenil de Nueva Jersey le negaran la autorización para continuar compitiendo con los varones. Los Yankees de Nueva York decían: —¡Qué locura! ¿Por qué las chicas no pueden jugar beisbol?

Las autoridades creían que la Liga desarrollaba cualidades necesarias solo para los varones. Pensaban que las frágiles niñas podían lastimarse.

Sin embargo, la jueza Sylvia Pressler no lo veía de esa manera. Luchó de igual a igual junto a otras personas contra la Liga. Ganaron. Nueva Jersey fue el primer estado en prohibir la discriminación sexual en la Liga Juvenil.

Finalmente, la mayoría de los capítulos de la Liga Juvenil concedieron a las chicas el derecho a jugar en partidos de beisbol o sóftbol aprobados por la Liga.

Con el tiempo, las atletas comenzaron a recibir un trato más igualitario.
El mundo del atletismo cambió para siempre.

Una nueva generación de atletas femeninas se impuso en las Olimpiadas de 1996. El equipo de EE. UU. aplastó a rivales de todo el mundo y sus integrantes se convirtieron en heroínas nacionales. A esas mujeres se les consideró hijas del Título IX: victoriosas competidoras nacidas en la época en la que se aprobó la ley.

Gracias al Título IX, ¡fueron libres para siempre de jugar como chicas en los Juegos Olímpicos y en ligas profesionales, privadas y académicas de todo el país!

Es difícil creer que antes no se animaba a las niñas para que jugaran deportes. Hoy en día, gracias a las chicas valientes y a aquellas leyendas que cambiaron la historia, puedes pisar fuerte, dar golpes, taclear, entrenar con toda tu energía y SUDAR. Puedes hacer *lo que quieras*.

Y aquí estás...   saltando,

pateando,   driblando

y bajando por la pendiente.

Niña... ¡Tú eres increíble!

Línea de tiempo

1880–1890

Las bicicletas son furor en Estados Unidos. Sin embargo, a las mujeres se les advierte que no deben usarlas por el peligro del daño pélvico, lesión a la médula espinal y el peligro de desarrollar la llamada "cara de bicicleta" (mandíbula rígida, músculos faciales endurecidos, ojos saltones y rostro demacrado).

1896

Se celebran en Atenas, Grecia, los primeros Juegos Olímpicos modernos. Las atletas tienen prohibido participar en todo tipo de evento, pero una mujer llamada Melpómene corre el maratón junto a los hombres. Lo completa en cuatro horas y treinta minutos.

1912

"¿Se puede dar acceso a las mujeres a todos los eventos olímpicos?… ¿Serían estos deportes una imagen emocionante para las multitudes que convoca una Olimpiada si los practicaran las mujeres? No encontramos argumentos que respalden esa idea".
—Barón Pierre de Coubertin, fundador de los Juegos Olímpicos modernos

1918

Aclamada como una de las más importantes poliatletas de principios del siglo XX, Eleonora Sears comienza a jugar al squash. Además de ser muy hábil en polo, beisbol, golf, hockey sobre césped, natación, tenis, navegación y motonáutica, Sears llegó a convertirse en la primera campeona nacional de squash.

1925

Como integrantes de la división femenina de la Liga de Baloncesto de la Ciudad de Chicago, el equipo de baloncesto afroamericano (las *Roamer Girls*), supera barreras raciales al competir contra equipos blancos y afroamericanos en la Liga. Las *Roamer Girls* se mantuvieron invictas durante seis temporadas.

1880 **1890** **1900** **1910** **1920**

1892

Senda Berenson Abbot adapta las reglas del baloncesto masculino para las chicas. Cada equipo pasa a tener nueve jugadoras, y cada jugadora queda limitada a un tercio de la cancha. A diferencia de lo que ocurre en el baloncesto masculino, queda prohibido desviar la pelota del oponente. El juego consta de dos tiempos de quince minutos, con un descanso de diez minutos entre ambos.

1900

A pesar de la falta de apoyo o promoción, durante los Juegos Olímpicos, algunas mujeres compiten en tenis, golf y tiro con arco. La jugadora de golf Margaret Ives Abbott es la primera mujer estadounidense en ganar un evento olímpico.

1914

El Comité Olímpico y Paralímpico Estadounidense se opone formalmente a que las atletas compitan en todos los eventos. Solo les permiten participar en ejercicios en el piso, para los que deben usar faldas largas.

1922

Alice Milliat organiza la FSFI (Federación Deportiva Femenina Internacional), dedicada a apoyar a las atletas comprometidas. La FSFI realiza en París los primeros Juegos Olímpicos femeninos. Setenta y siete atletas femeninas de cinco países compiten en jabalina, lanzamiento de bala, carrera y salto, y en partidos de exhibición de baloncesto, gimnasia y *pushball*. Estos juegos atrajeron a más de 15,000 fans.

1925

"Caballeros, si intentan eliminar el baloncesto femenino en Iowa, estarán en medio de las vías cuando llegue el tren".
—John W. Agans, cofundador de la Unión Atlética de Escuelas Preparatorias para Mujeres de Iowa.

1943

Se crea la Liga Profesional del Campeonato Nacional de Beisbol Femenino Juvenil para que el beisbol mantenga su popularidad, mientras los hombres que están en buen estado físico pelean en la Segunda Guerra Mundial. Para garantizar los más altos estándares de feminidad, las jugadoras asisten a una escuela de buenos modales y reciben kits de belleza, con las correspondientes instrucciones de uso.

1926

El 6 de agosto Gertrude Ederle, campeona olímpica y quien fuera récord mundial, cruza a nado el Canal de la Mancha.

"Decían que las mujeres no podíamos cruzar el Canal nadando, pero he demostrado que se equivocaban".

—Gertrude Ederle,
la "reina de las olas"

1970

La congresista Edith Green inicia las primeras sesiones del Congreso sobre educación para mujeres. Junto con su distinguido equipo, Edith ofrece pruebas de que la práctica legal de excluir a las chicas de las oportunidades educativas en razón de su sexo es injusta e inconstitucional. Estas sesiones sirven como punto de partida para lograr la igualdad femenina en el ámbito académico y atlético.

"Lo único que quiero y lo único que pido es que si dos personas, un hombre y una mujer, vienen a una universidad con las mismas credenciales para ser admitidas, ambas reciban el mismo tratamiento".

—Congresista Edith Green

1972

Maria Pepe gana un lugar en el equipo de beisbol de la Liga Juvenil de Hoboken, Nueva Jersey. Después de que lanzara en tres partidos de tiempo reglamentario, los padres de los equipos contrincantes protestaron. Argumentaban que las chicas no pertenecen en la Liga Juvenil. Entonces, las autoridades de la Liga exigieron que Maria fuera retirada de la lista. Después de los informes de los medios, el director técnico de los Yankees la distingue oficialmente como Yankee del Día.

| 1930 | 1940 | 1950 | 1960 | 1970 |

1928

El caso de Margaret Gisolo, jugadora de la liga de beisbol junior de la Legión Americana, llama la atención del *New York Times* y de *Movietone News* a nivel nacional. Un periódico afirmó que "las normas no establecían que las niñas pudieran competir con los niños".

1957

Althea Gibson es elegida Atleta Femenina del Año por el *Associated Press* un año luego de convertirse en la primera persona de color en ganar un título de *Grand Slam* (el Abierto de Francia). Con el correr de los años, Althea gana otros diez títulos de *Grand Slam*.

"Cuando le di la mano a la reina de Inglaterra, sentí que estaba a años luz de aquellos tiempos en los que estaba obligada a sentarme en la sección para personas de color en el autobús que va al centro de Wilmington, Carolina del Norte".

—Althea Gibson, en referencia a su victoria
en Wimbledon en 1957

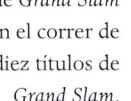

1964

"Para eso estoy aquí, amigo, para conseguir esa medalla de oro. Estilo libre. A todo pulmón. Lo doy todo".

—Donna de Varona, nadadora olímpica, medalla de oro en 400 metros estilos y 4x100 metros estilo libre

1971

"No necesitamos ese tipo de carácter en nuestras chicas, las mujeres del mañana".

—John Clark FitzGerald, juez de New Haven en su fallo contra la participación de las chicas en los equipos de atletismo de varones

1971

Las Enmiendas de Educación prohíben la discriminación por razones de sexo en la educación, y la Cámara de Representantes aprueba el Título IX. Los problemas de las niñas, la escuela y los deportes pasan a ocupar el primer plano. Los legisladores luchan por encontrar soluciones para que no haya discriminación de oportunidades para las atletas.

1972

El 23 de junio el presidente Richard Nixon convierte en ley el Título IX y las Enmiendas de Educación de 1972.

Línea de tiempo

1991

El Comité Olímpico Internacional toma una decisión histórica al afirmar que todos los nuevos deportes incluidos en el programa deben incorporar un evento femenino.

1984

"Sin el Título IX, yo no existiría".
—Cheryl Miller, jugadora de baloncesto, medalla olímpica de oro en 1984

1999

En la Copa Mundial Femenina, el equipo de fútbol femenino de EE. UU. supera a China por muerte súbita en el tiempo complementario, con una victoria de 5-4 en los penales. El partido, el evento deportivo femenino con más asistentes de la historia, se celebra en el *Rose Bowl* de Pasadena ante un estadio con 90,125 fanes y entradas agotadas. La portera Briana Scurry, la defensora Brandi Chastain y todo el equipo pasan a ser las favoritas de Estados Unidos y el primer equipo en ganar la Copa del Mundo en casa.

2012

Por primera vez en la historia, las atletas femeninas de EE. UU. ganan más medallas que los hombres (58 contra 45), en los Juegos Olímpicos de Londres.

2016

En Río, 61 de las 121 medallas olímpicas ganadas por el equipo de EE. UU. son para atletas femeninas, incluida Aly Raisman, capitana del equipo de gimnasia femenina "Final Five". En la competición de gimnasia artística, las "Final Five" ganaron la tercera medalla olímpica de oro del equipo, la segunda en una competición internacional.

"Eso es lo hermoso de los Juegos Olímpicos: el mundo entero se reúne por amor a los deportes. Me tomé un tiempo para reflexionar sobre lo trascendental que es este hecho".
—Aly Raisman

"Antes del Título IX, una de cada veintisiete niñas practicaba deportes. Hoy ese número ha pasado a ser dos de cada cinco niñas. Aunque todavía nos queda mucho camino por recorrer para que todas las chicas tengan el mismo acceso a los deportes—en especial, las chicas de color—, es obvio que estamos avanzando".
—Maegan Olmstead para la Fundación Deportiva Femenina

1980 · 1990 · 2000 · 2010 · 202

1989

Victoria Bruckner es la primera chica en jugar en la Serie Mundial de Pequeñas Ligas. Cubre la primera base, batea en cuarto lugar y lanza en el juego final.

2004

El cuarenta por ciento de los participantes en los Juegos Olímpicos son mujeres.

2014

A los trece años, Mo'ne Davis es la primera atleta afroamericana en participar en la Serie Mundial de Pequeñas Ligas. Lanza una blanqueada y gana. Mo'ne es una de las dos chicas que compiten en los juegos de la Serie Mundial del 2014 y la primera en aparecer como integrante de la Liga Juvenil en la portada de *Sports Illustrated*.

2017

La tenista Serena Williams logra el primer puesto internacional al vencer a su hermana, Venus, en el Abierto de Australia. Con esa victoria gana su vigésimo tercer título de *Grand Slam*, cinco más que el jugador masculino mejor calificado en todo el mundo. Previamente, logró dos veces el "Serena Slam" al ganar los cuatro principales eventos en un mismo año calendario.

"Pasan cosas increíbles cuando se les da a las deportistas el mismo apoyo económico que a los hombres".
—Donna de Varona, comentarista deportiva y primera presidenta de la Fundación Deportiva de Mujeres

1974

Después de una feroz batalla que implicó protestas con la suspensión de dos mil partidos de equipos de la Liga Juvenil, el Tribunal Superior de Justicia de Nueva Jersey falla a favor de las chicas. Se revisan las reglas de la Liga Juvenil para que puedan participar las chicas. La Liga Juvenil también crea una liga de sóftbol solo para chicas.

1996

Las atletas estadounidenses, hijas del Título IX, se imponen en los Juegos Olímpicos de Atlanta. Ganan medallas de oro en gimnasia, fútbol, sóftbol, baloncesto, atletismo, natación y nado sincronizado. El partido de fútbol por la medalla de oro entre EE. UU. y China logra atraer a 76,481 espectadores, récord de asistentes a un evento deportivo femenino. EE. UU. gana 2-1 con una célebre victoria, pero no hay cobertura en vivo del histórico juego.

Nota de la autora

¿Qué significa realmente "jugar como una chica"?

¿Significa que, como a las mujeres se les considera débiles por naturaleza, poco se puede esperar de ellas en materia deportiva? Es poco probable. ¿O significa, tal vez, que como los deportes han sido históricamente un "asunto de varones", las chicas no pueden tener un interés verdadero en participar? No, no lo creo. Tampoco lo creerían Senda Berenson Abbott, Gertrude Ederle, Edith Green o todas las mujeres que lucharon por el Título IX.

Creo que las atletas femeninas comparten un espíritu en común, una hermandad que las une por su amor al deporte y por el afecto que sienten unas por otras. En el centro mismo de este espíritu colectivo, hay una cálida sensación de camaradería que desafía las barreras del tiempo. Si bien la desigualdad, los topes salariales, el dinero destinado a los premios y la cobertura de los medios continúan siendo un desafío, la historia nos muestra que cuando una chica quiere participar a nivel élite, lo hará, les guste o no a los varones. Estas audaces competidoras también comprenden que sus logros inspiran a las nuevas generaciones, alentando a las chicas a realizar sus sueños, dentro y fuera de la cancha.

Valientes atletas, del pasado y del presente, demuestran que "jugar como una chica" significa abordar los deportes y la vida con confianza, compromiso y ganas, con el fin de lograr objetivos nobles. Significa mantenerse muy enfocada y rendir al máximo sin importar si alguien piensa que el esfuerzo es vano o inútil. Significa ser consciente de que, cuando te destacas en un deporte, tu victoria es también la victoria de todas las chicas, en todas partes.

En definitiva, "jugar como una chica" significa darlo todo y luego dar más aun, competir con la máxima fuerza que tengas, al mismo tiempo que empoderas a las demás para que también lo hagan.

¡Tú puedes, niña!

Bibliografía

"1999 FIFA Women's World Cup." *United States Soccer Federation*. Accesado el 18 de febrero de 2017. https://tinyurl.com/ydf77x6f

Abrams, Douglas E. "The Twelve-Year-Old Girl's Lawsuit That Changed America: The Continuing Impact of *NOW vs. Little League Baseball, Inc.* at 40." *Virginia Journal of Social Policy and the Law* 20, no. 2 (2012): 241–269. http://scholarship.law.missouri.edu/facpubs/?utm_source=scholarship.law.missouri.edu/facpubs/506&utm_medium=PDF&utm_campaign=PDFCoverPages

"Althea." PBS, Public Broadcasting Service, 31 de agosto de 2015. www.pbs.org/wnet/americanmasters/althea-althea-gibson-timeline/5393/

"Amazing Moments in Olympic History: 1996 Women's Soccer Team." Equipo EE. UU., 3 de junio de 2009. https://tinyurl.com/yasby3zo

Ashe, Arthur. *A Hard Road to Glory: A History of the African-American Athlete, 1919–1945*. New York: Warner, 1988.

Berg, Aimee. "Flash Back 20 Years to the Atlanta 1996 Olympics—When Women Reigned Supreme." *espnW.com*, 20 de julio de 2016. https://tinyurl.com/yb3zfqly

Blumenthal, Karen. *Let Me Play: The Story of Title IX: The Law that Changed the Future of Girls in America*. New York: Atheneum Books for Young Readers, 2005.

———. "The Truth about Title IX." *The Daily Beast,* 22 de junio de 2012. http://www.thedailybeast.com/articles/2012/06/22/the-truth-about-title-ix.html

Cahn, Susan K. *Coming on Strong: Gender and Sexuality in Twentieth-Century Women's Sport*. New York: Free Press, 1994.

Campbell, Terri, and Jennifer Tripp. "National Organization for Women." *Learning to Give*. Accesado el 12 de mayo de 2015. http://www.learningtogive.org/resources/national-organization-women

"Chicago's Roamer Girls Were Pretty, Magnificent." Fundación Black Fives, 11 de diciembre de 2007. http://www.blackfives.org/chicagos-roamer-girls-were-pretty-magnficent/

Crowe, Chris. *More Than a Game: Sports Literature for Young Adults*. Lanham, MD: Scarecrow, 2004.

"Games of the XXVIth Olympiad—1996." *USA Basketball*, 12 de septiembre de 2014. https://tinyurl.com/y92248cq

Garcia, Patricia. "Women Won the Most Medals for Team USA at the Rio Olympics." *Vogue*, 22 de agosto de 2016. https://tinyurl.com/k2pspsv

"Gertrude Ederle." *Biography.com*, 22 de octubre de 2014. http://www.biography.com/people/gertrude-ederle-9284131

Gottesman, Jane. *Game Face: What Does a Female Athlete Look Like?* New York: Random House, 2001.

History.com Staff. "Althea Gibson." History.com, A&E Television Networks, 2009, www.history.com/topics/black-history/althea-gibson

"History of Women in Sports Timeline, Part 2: 1900–1929." *AAUW Lawrence County (NY) Branch*. Accesado el 19 de enero de 2017. http://stlawrence.aauw-nys.org/timelne2.htm

Isaacson, Melissa. "Small Wonders: The Girls Who Toppled Little League." *espnW.com*, 11 de agosto de 2014. https://tinyurl.com/notb5h5

———. "Small Wonders: Reliving the Fun That Never Was." *espnW.com*, 30 de junio de 2014. https://tinyurl.com/nkdmdk3

"Key Dates in the History of Women in the Olympic Movement." *International Olympic Committee*. Accesado el 20 de enero de 2017. https://tinyurl.com/y7na5s3j

Leslie, Lisa. "Title IX: Lisa Leslie Is Proof Positive." *espnW.com*, 26 de marzo de 2012. https://tinyurl.com/yc9wb6dc

Leung, Rebecca. "The Battle Over Title IX: Male Athletes Suing to Change the Law." *CBSnews.com*, 27 de junio de 2003. http://www.cbsnews.com/news/the-battle-over-title-ix/

"Margaret Gisolo." *National Italian American Sports Hall of Fame*, 8 de noviembre de 2012. http://www.niashf.org/inductees/margaret-gisolo/

"Maria Pepe: Little League's First Girl." *Makers.com*. Accesado el 21 de abril de 2015. http://www.makers.com/maria-pepe

Markusen, Bruce. "Baseball History Filled with Women's History." *National Baseball Hall of Fame*. Accesado el 29 de abril de 2015. https://tinyurl.com/yaqcnd29

McDonagh, Eileen, and Laura Pappano. *Playing with the Boys: Why Separate Is Not Equal in Sports*. New York: Oxford University Press, 2008.

"Most Tennis Grand Slam Titles Winners (Men & Women)." *Total Sportek*, 28 de enero de 2017. http://www.totalsportek.com/tennis/grand-slam-titles-winners-mens-women/

Nat. Org. for Women v. Little League Baseball, Inc. 127 N.J. Super. 522, 318 A.2d 33 (1974). https://law.justia.com/cases/new-jersey/appellate-division-published/1974/127-n-j-super-522-0.html

O'Reilly, Jean, and Susan K. Cahn. *Women and Sports in the* United *States: A Documentary Reader*. Boston: Northeastern University Press, 2007.

"Our Name." *Gladys Bikes*. Accesado el 21 de abril de 2015. http://gladysbikes.com/whatwedo/

Parcina, Ivana, Violeta Siljak, Aleksandra Perovic, and Elena Plakona. "Women's World Games." *Physical Education and Sport Through the Centuries* 1, no. 2 (2014): 49–60. http://www.fiep-serbia.net/docs/vol-1-i-2/en/paper-5.pdf

Rappoport, Ken. *Ladies First: Women Athletes Who Made a Difference*. Atlanta: Peachtree, 2005.

Russo, Neal. "Girl Legion Star of 1928 Recalls Play for Blanford," 1958. Wabash Valley Visions & Voices Digital Memory Project. https://tinyurl.com/ybqctbdp

Singh, Kyli. "Here's What the 1996 Olympics U.S. Women's Gymnastics Team Looks Like Now." *Huffington Post*, 6 de agosto de 2016. https://tinyurl.com/ya3y4kdc

Suggs, Welch. *A Place on the Team: The Triumph and Tragedy of Title IX*. Princeton, NJ: Princeton University Press, 2005.

Times, The New York. "Althea Gibson, First Black Wimbledon Champion, Dies at 76." The New York Times, The New York Times, 28 de septiembre de 2003. https://www.nytimes.com/2003/09/28/obituaries/althea-gibson-first-black-wimbledon-champion-dies-at-76.html

Tierney, Mike. "A Novelty No Longer: Girls in Little League World Series Become Less of a Phenomenon." *New York Times*, 13 de agosto de 2014. https://tinyurl.com/ydxbq4va

"Williams Completes Historic 'Serena Slam.'" *Wimbledon.com*, 11 de julio de 2015. https://tinyurl.com/ybav9mnl

"Women's Basketball Timeline—Since 1891." *Women's Hoops* (blog), 25 de junio de 2012. https://womenshoopsblog.wordpress.com/womens-basketball-timeline-since-1891/